EL MACARTISMO O EL TEMOR ROJO

La cruzada estadounidense contra el comunismo

Por Christel Lamboley
En colaboración con Magali Bailliot
Traducido por Marina Martín Serra

Historia · en50MINUTOS.es

¡CONVIÉRTASE EN UN GENIO DE LA HISTORIA!

www.en50minutos.es

EL MACARTISMO

- **¿Cuándo?** De 1950 a 1954.
- **¿Dónde?** En los Estados Unidos.
- **¿Contexto?** La Guerra Fría (1947-1991).
- **¿Principales protagonistas?**
  - Harry S. Truman, estadista estadounidense (1884-1972).
  - Dwight David Eisenhower, general y estadista estadounidense (1890-1969).
  - Joseph McCarthy, político estadounidense (1908-1957).
- **¿Repercusiones?**
  - Varias decenas de miles de destituciones o despidos, de dimisiones en la función pública y en el sector privado, y varios cientos de personas en las listas negras de Hollywood.
  - Restricción de la libertad de expresión y de los derechos civiles.
  - Debilitamiento del sindicalismo y del movimiento obrero.
  - Persecución de los militantes a favor de los derechos de los negros.
  - Decaimiento del pensamiento crítico y conformismo en el seno de las universidades y en las artes.

El macartismo, punto culminante del Temor Rojo (*The Red Scare*) que se apodera de los Estados Unidos a partir de los años veinte, es un episodio significativo en la historia estadounidense de la posguerra. Aunque la caza de brujas no empieza con McCarthy —sino que se enmarca en el contexto de principios de la Guerra Fría—, el macartismo representa su encarnación y su apogeo. Desde 1950 hasta 1954, en un clima de paranoia, histeria y miedo a una infiltración comunista en el propio Gobierno estadounidense, el senador republicano Joseph McCarthy instaura una política anticomunista que dará lugar a una verdadera inquisición.

En un principio, el objetivo de esta campaña inquisitorial es encontrar a los supuestos agentes comunistas infiltrados en el poder federal, pero más adelante se extiende también a todo lo que considera subversiones, tanto políticas (comunismo, socialismo, liberalismo) como sociales (sindicalismo, movimientos de los derechos civiles), culturales e incluso sexuales (la homosexualidad). El clima de sospechas y delaciones está a la orden del día.

Bajo la era del macartismo, se investiga a varios millones de ciudadanos ordinarios y a personas vinculadas con la administración federal, con consecuencias inmediatas: la restricción de la libertad de expresión política y la limitación de los derechos civiles. Asimismo, se producen miles de dimisiones de agentes federales o de destituciones, y sobrevienen muchísimas tragedias individuales, que empañan esos años de la historia de los Estados Unidos.

CONTEXTO

LOS ANTECEDENTES HISTÓRICOS

El macartismo no es la primera caza de brujas en los Estados Unidos. Anteriormente, el miedo a la subversión, a la traición y a las diferencias ya había desempeñado un papel relevante en la cultura política estadounidense.

En 1692, un primer acontecimiento de este tipo sacude el país: en Massachusetts estalla el caso de las brujas de Salem. Sobre eso, la historiadora Marie-France Toinet habla de un «modelo premacartista»[1] (Toinet 1984, 12). En efecto, la atmósfera de esa época era sensiblemente idéntica, y cualquiera que tuviera relación con una persona acusada de brujería también era considerado sospechoso. Esta oleada de intolerancia, de xenofobia y de miedo al otro puede considerarse uno de los primeros signos precursores del macartismo. Asimismo, a partir de 1953, Arthur Miller (dramaturgo estadounidense, 1915-2005) establece un paralelismo entre los dos acontecimientos en su obra *The Crucible* (*Las brujas de Salem* o *El crisol*).

LAS BRUJAS DE SALEM

El conocido episodio de la historia estadounidense de los juicios de las brujas de Salem tiene lugar entre febrero y octubre de 1692. En un contexto de inseguridad

---

1. Cita traducida por 50Minutos.es

(guerras indias), inestabilidad política (Massachusetts pierde su gobernador) y dificultades económicas, toda la autoridad recae en los líderes religiosos que imponen la rigidez del código puritano. En febrero, Tituba, una esclava india, es la primera acusada de brujería. La mujer estaba al servicio de la familia del reverendo Samuel Parris (1653-1720) y tenía la costumbre de contar historias de su isla, de hacer trucos de magia y de predecir el futuro a la sobrina y a la hija del reverendo. Un día en el que las dos jóvenes trajeron a sus amigas como invitadas, Tituba realizó un truco de magia, y a algunas de las chicas les pareció ver fantasmas, lo que causó llantos y convulsiones. Tras este caso, se produjeron otras 150 acusaciones, denuncias, encarcelamientos y torturas. 19 «brujas» mueren en la hoguera, una pena que, según los puritanos, era necesaria para purificar y exorcizar a la sociedad de los enemigos del más allá.

Otros acontecimientos que se producen a lo largo de los siglos siguientes conllevan reacciones igual de extremas y, a partir de 1798, se aprueban los Alien and Sedition Acts («leyes sobre los extranjeros y la sedición»). Estas leyes permiten que el presidente deporte por decreto a «todo extranjero que ponga en peligro la paz y la seguridad de los Estados Unidos, o del que se pueda sospechar de forma razonable que esté implicado en maquinaciones secretas o que constituyen una traición contra el Gobierno de los Estados Unidos»[2] (*ib.*, 13).

---

2. Cita traducida por 50Minutos.es

La inmigración también despierta miedos: las mareas de gente que se instala en los Estados Unidos durante los siglos XVIII y XIX preocupan a los protestantes anglosajones, que temen su pobreza y su inmoralidad, hasta el punto de que en las ciudades del este del país estallan disturbios raciales y religiosos, en los que los irlandeses son el blanco principal —a pesar de que la mayoría son católicos fervientes—.

A finales del siglo XIX y a principios del XX, mientras se producen violentas huelgas en las que los movimientos sociales obreros son reprimidos, los responsables políticos afirman que la violencia procede del extranjero. Esta desconfianza con respecto a las aportaciones del exterior también afecta al ámbito político. Así, el socialismo no logra implantarse en los Estados Unidos, ya que se percibe como algo que no es propio del país.

EL TEMOR ROJO

La primera verdadera psicosis anticomunista en los Estados Unidos, el Temor Rojo (*The Red Scare*), surge con la Revolución rusa de 1917 y alcanza su apogeo en 1919-1920. Todos los revolucionarios, los sindicalistas, los socialistas, los anarquistas y los comunistas, sin excepción, se convierten en una amenaza. El caso de Sacco y Vanzetti es una perfecta muestra de ello. Puesto que los acusados son inmigrantes y anarquistas, automáticamente son también culpables de los hechos de los que se les acusa.

<u>**Condenados equivocadamente**</u>

En 1920, Nicola Sacco (1891-1927) y Bartolomeo Vanzetti (1888-1927), migrantes italianos y militantes anarquistas, son acusados de haber asesinado al cajero y al vigilante de una fábrica. A continuación, tiene lugar un proceso poco cuidado en el que el tribunal los considera una amenaza, sean culpables o inocentes, puesto que son extranjeros y, además, comunistas. Aunque defienden su inocencia, Sacco y Vanzetti son condenados a muerte en 1921, y no serán rehabilitados hasta los años setenta.

Este primer Temor Rojo ya posee todas las características propias del macartismo: la intolerancia, la xenofobia, la obsesión de la subversión interior, la delación, la represión y la restricción de las libertades. El *Red Scare* de los años 1919 y 1920 conlleva la implementación progresiva de mecanismos de detección y de represión.

Tras la crisis económica de 1929, el presidente Franklin Roosevelt (1882-1945) instaura la política del New Deal para volver a dinamizar la economía estadounidense. Uno de sus objetivos es redistribuir las riquezas de forma más equitativa. Sin embargo, para las fuerzas conservadoras y para los republicanos, el New Deal está infectado por el comunismo y, a partir de 1934, el Congreso es acusado de conspiración comunista. Para demostrar su inocencia, Roosevelt pone en marcha algunas comisiones de investigación. Cuatro años después, se aprueba una ley que obliga a cualquiera que realice propaganda para una nación extranjera a informar de ello al Departamento de Estado. Asimismo, se crea la HUAC (House Un-American Activities Committee), el Comité de Actividades Antiamericanas de la Cámara, cuyo objetivo es recabar información sobre la propaganda subversiva extranjera en los Estados Unidos y sobre las organizaciones que la difunden. Aunque originalmente se crea para vigilar a los grupos subversivos (Ku Klux Klan, alemanes estadounidenses cercanos al nazismo, etc.), su atención rápidamente se centra en los comunistas, reales o supuestos, que ocupan puestos importantes, y en la influencia del comunismo en la sociedad estadounidense.

Durante la Segunda Guerra Mundial (1939-1945), la URSS y los Estados Unidos luchan juntos y olvidan durante un tiempo su desconfianza mutua; sin embargo, el final del conflicto marca el inicio de una nueva era de tensiones. En 1947 empieza la Guerra Fría, con la que se forma un mundo bipolar y se reactiva el Temor Rojo en el continente estadounidense.

LA DOCTRINA TRUMAN Y LOS INICIOS DE LA GUERRA FRÍA

En 1945, tras la muerte de Roosevelt y el final de la Segunda Guerra Mundial, vuelven a aparecer las divergencias entre los Estados Unidos y la URSS. En un primer momento, Harry S. Truman, que ahora lidera el país, no se posiciona en relación con la URSS, pero esto hará que le lluevan las críticas. Se le considera demasiado «blando» frente al comunismo, y se le acusa de dejar que sus partidarios decidan sobre la política del país. Al mismo tiempo, varios asuntos de espionaje ocupan todas las portadas. Entre ellos, destaca el descubrimiento en 1946 de una red de espías soviéticos en Canadá, cuyo objetivo era obtener secretos atómicos por cuenta de la URSS. Ese mismo año, Whittaker Chambers (1901-1961) y Elizabeth Bentley (1908-1963), dos exmiembros del Partido Comunista convertidos en delatores, afirman que existe una extensa red de espionaje en los Estados Unidos, y que algunos de sus miembros incluso formarían parte del Gobierno. Tras estas declaraciones, el FBI anuncia que se está preparando una lista de sospechosos y que algunos ciudadanos podrían ser detenidos.

El 12 de marzo de 1947, se proclama la doctrina Truman. El presidente declara que la política de Iósif Stalin (1878-1953) constituye una amenaza, en especial para los países de Europa del Este que han caído en la influencia comunista. Por consiguiente, su doctrina tiene el objetivo de impedir que otros Estados pasen a estar sometidos al yugo soviético y, para lograrlo, el presidente estadounidense pone en marcha una serie de medidas para contrarrestar la política soviética, como el Plan Marshall, dedicado a la reconstrucción de Europa, y la creación de la OTAN, destinada a velar por la paz en los países miembros.

Las primeras leyes que limitan las libertades de los estadounidenses aparecen en este contexto de tensión extrema y en nombre de la seguridad interna. El 25 de septiembre de 1946, Truman pone en marcha una comisión temporal con el objetivo de controlar la lealtad de los funcionarios federales: los que predican la subversión del régimen son considerados desleales. Sin embargo, en 1946, el contexto social es un polvorín: el paro y el coste de la vida aumentan sin cesar, y el país debe enfrentarse a una oleada de huelgas que provocan un fuerte sentimiento antisindical. En 1947, la Ley Taft Hartley, que define las relaciones entre sindicatos y patronal, limita el derecho de huelga, en especial obligando a los dirigentes sindicales a jurar que no son comunistas.

Las medidas adoptadas por Truman rápidamente tienen consecuencias en la sociedad estadounidense, incluso en los círculos artísticos, donde la HUAC lleva a cabo una investigación sobre la influencia comunista en la esfera del cine. La comisión convoca a guionistas, actores y directores para interrogarlos sobre sus actividades y sus convicciones políticas.

LAS ACTIVIDADES DE LA HUAC EN HOLLYWOOD

La investigación sobre la influencia comunista en Hollywood comienza el 7 de mayo de 1947. El senador de Nueva Jersey J. Parnell Thomas (1895-1970) y el senador de Pensilvania John Ralph McDowell (1902-1957) celebran audiencias a puerta cerrada con algunas personalidades del cine. Varios actores, como Gary Cooper (1901-1961), Robert Taylor (1911-1969) y Ronald Reagan (1911-2001), algunos directores, como Walt Disney (1901-1966), y algunos guionistas, dan información sobre los supuestos miembros del Partido Comunista que trabajan en Hollywood —a los que se les añaden 19 otros miembros identificados por el FBI—. Estas denuncias afectan, entre otros, a los guionistas Lester Cole, Howard

Koch, Ring Lardner Jr, Albert Maltz, Samuel Ornitz, Waldo Salt y Dalton Trumbo, a los directores Edwart Dmytryk, Lewis Milestone e Irving Pichel, a los guionistas y directores Herbert Biberman y Robert Rossen, al dramaturgo Bertolt Brecht y al actor Larry Parks.

A partir del 20 de octubre, la HUAC continúa con sus audiencias en Washington. Tras escuchar las declaraciones de los 19 comunistas de Hollywood, se les considera testigos «hostiles», y ellos se defienden invocando la Primera Enmienda de la Constitución estadounidense, que prohíbe la limitación de la libertad de expresión, de religión y de prensa. Finalmente, 11 de los 19 acusados son interrogados, y todos se niegan a responder a la pregunta «¿es o ha sido miembro del Partido Comunista Estadounidense?». El 30 de octubre se terminan las audiencias y el 24 de noviembre el Congreso acusa de injurias a 10 de los acusados —pues Bertolt Brecht se había marchado de los Estados Unidos—. El mismo día, 58 altos dirigentes de los estudios de Hollywood se reúnen en el hotel Waldorf-Astoria de Nueva York para aprobar un texto (Waldorf Statement) que especifica que se niegan a contratar a comunistas: es el comienzo de las listas negras. A continuación, los estudios obligan a los diez acusados a firmar un juramento de lealtad en el que deben afirmar que nunca han sido miembros del Partido Comunista. Sin embargo, estos se niegan a hacerlo y son despedidos. En la primavera de 1948, se les solicita que comparezcan y se les condena a penas que van de seis meses a un año de cárcel. Uno de ellos, Edward Dmytryk, se retracta y proporciona varios nombres, lo que le autoriza a volver a su trabajo. Los otros tratan de desempeñar sus actividades profesionales utilizando seudónimos, pero sus carreras y sus vidas quedan afectadas para siempre.

LOS GRANDES CASOS DE ESPIONAJE: ALGER HISS Y LOS ROSENBERG

Alger Hiss (1904-1996) es un funcionario brillante del Departamento de Estado de los Estados Unidos. Es partidario de Roosevelt y del New Deal y, como diplomático, participa en la Conferencia de Yalta (1945) y en la creación de la ONU.

Retrato de Alger Hiss.

Hiss está en su mejor momento profesional cuando, en agosto de 1948, Whittaker Chambers lo acusa de ser un agente soviético y de haber entregado documentos oficiales de los Estados Unidos a la URSS. Richard Nixon (1913-1994), que en ese momento representa el 12.° distrito de California, está convencido de su culpabilidad y decide continuar la investigación; Chambers proporciona documentos que demuestran sus declaraciones, pero Hiss no puede ser condenado por espionaje porque el delito ha prescrito. Sin embargo, después de un segundo proceso en noviembre de 1949 en el que no se dispone de pruebas reales, es declarado culpable y condenado a cinco años de cárcel. Es el blanco perfecto, ya que representa todo lo que los conservadores republicanos odian: es liberal y partidario de Roosevelt. Además, en el momento del juicio, el contexto internacional hace que aumenten las preocupaciones acerca de la URSS: el golpe de Praga (febrero de 1948), que acaba de producirse, lleva al establecimiento de un régimen comunista en Checoslovaquia y, en junio, comienza el bloqueo de Berlín.

BERLÍN, UNA CIUDAD DIVIDIDA

Al final de la Segunda Guerra Mundial los Aliados dividen Alemania en cuatro zonas de ocupación, y la ciudad de Berlín —que está en zona soviética— en dos. Se concede un enclave a los Aliados occidentales, dividido a su vez en tres zonas de ocupación (inglesa, estadounidense y francesa). En 1948, los Aliados deciden crear una nueva moneda, el marco alemán, para reactivar la economía del país. Sin embargo, Stalin lo ve como una provocación, y decide cortar las comunicaciones y el abastecimiento entre Berlín Oeste y Alemania Occidental, con el objetivo de conseguir que Berlín Oeste pase a formar parte del bando comunista. Los estadounidenses responden organizando un gigantesco puente aéreo para abastecer a la ciudad. El bloqueo de Berlín se termina el 12 de mayo de 1949 e, inmediatamente después, se crea la República Federal de Alemania, mientras que Stalin establece la República Democrática de Alemania del Este: el país está dividido en dos, y se convierte en el símbolo de la Guerra Fría.

A pesar de las medidas de endurecimiento que se adoptan contra la URSS, la administración Truman está sujeta a constantes ataques de los republicanos, especialmente porque el caso Hiss reabre el debate sobre la presencia en el Gobierno de agentes secretos que, por su posición, influirían en la política estadounidense. El sentimiento de miedo se hace más fuerte el 3 de febrero de 1950, seis días antes del discurso pronunciado por McCarthy en Wheeling: el científico alemán Klaus Fuchs (1911-1988), que había participado en el Proyecto Manhattan para que los Estados Unidos obtuvieran la bomba atómica, es acusado de ser un espía soviético. Su confesión comporta la detención del matrimonio Rosenberg el 17 de julio. Julius (1918-1953) y Ethel (1915-1953) Rosenberg, procedentes de familias de inmigrantes pobres de Nueva York, son activistas sindicales y políticos de izquierdas. A pesar de que defienden su inocencia, son condenados a muerte en 1951.

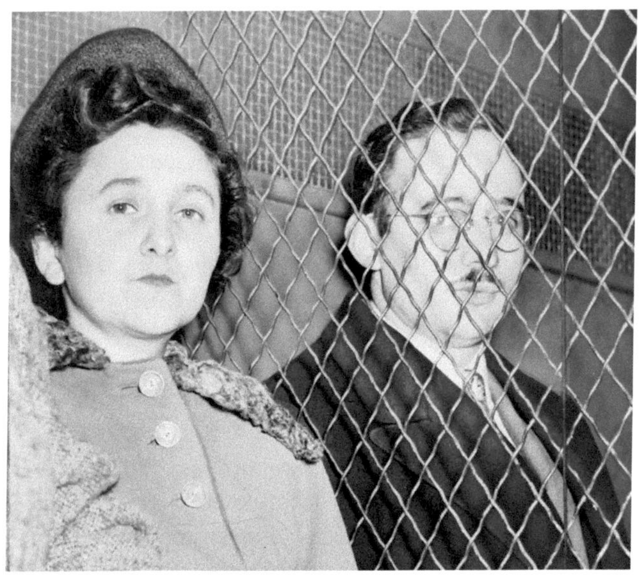

Julius y Ethel Rosenberg, acusados de espionaje por los Estados Unidos.

Una vez más, las pruebas no son determinantes: denuncias y declaraciones de espías, así como peticiones y recaudaciones de fondos para asociaciones de izquierdas durante la guerra. La sentencia condenatoria conmociona a la opinión pública y se organiza una campaña para pedir el indulto de los acusados, con el apoyo de muchos intelectuales y artistas, así como de las autoridades católicas. Pero Eisenhower se mantiene intransigente y el 19 de junio de 1953 los Rosenberg, sindicalistas y simpatizantes comunistas, son ejecutados: las autoridades estadounidenses quieren que eso sirva de ejemplo.

UN CONTEXTO INTERNACIONAL TENSO

El 29 de agosto de 1949, la Unión Soviética realiza una prueba atómica en Kazajistán con la que demuestra al mundo entero que los estadounidenses ya no son los únicos que poseen el arma nuclear. Se trata de un importante giro en la Guerra Fría, y del inicio de una verdadera carrera armamentística para las dos superpotencias. El acontecimiento parece confirmar los miedos de complots y de traición dentro del país porque, ¿cómo habrían podido adquirir los soviéticos el arma atómica sin recurrir a la traición de los sabios occidentales y de algunos altos responsables estadounidenses? Este mismo interrogante se plantea también para la «pérdida» de China.

Tras el fin de la Segunda Guerra Mundial, China se ve sumida en una guerra civil liderada, por un lado, por el comunista Mao Zedong (1893-1976) y, por el otro, por el nacionalista Chiang Kai-shek (1887-1975). Para reconciliar a los dos partidos, los Estados Unidos envían a China al general George C. Marshall (1880-1959), pero no lo consiguen. Entonces, los estadounidenses se posicionan a favor de Chiang Kai-shek y le proporcionan ayuda financiera y asesoramiento militar. Sin embargo, los ejércitos nacionalistas acaban derrotados y, el 22 de enero de 1949, las tropas comunistas toman Pekín. El 1 de octubre del mismo año se produce la fundación oficial de la República Popular de China, y con ese acto el comunismo mundial se refuerza de forma considerable.

Proclamación de la República Popular China, el 1 de octubre de 1949.

Los estadounidenses, que lo ven con muy malos ojos y se niegan a reconocer a la República Popular China, ven también cómo su presidente es objeto de duras críticas: muchos consideran que Truman no ha sabido defender a China. La «pérdida» de este Estado se convierte en un nuevo *leitmotiv* en las acusaciones.

En este contexto el senador McCarthy pronuncia su discurso en Wheeling, tan solo ocho semanas después de la huida de Chiang Kai-shek a Taiwán.

HARRY S. TRUMAN, ESTADISTA ESTADOUNIDENSE

Retrato de Harry S. Truman.

Harry S. Truman, nacido en 1884, es elegido vicepresidente de Franklin Roosevelt en 1944. El 12 de abril de 1945 fallece Roosevelt, y el papel de presidente pasa a manos de Truman, que debe enfrentarse a un contexto mundial muy tenso: aunque la guerra acaba de terminarse en territorio europeo, todavía causa estragos en el Pacífico y, para acabar con esta situación, decide utilizar el arma atómica en agosto de 1945.

En un primer momento, Truman está convencido de que la cooperación entre los Estados Unidos y la Unión Soviética es necesaria para garantizar la paz mundial después de la guerra. Sin embargo, rápidamente se da cuenta de que Stalin quiere controlar los países de Europa del Este y, en 1946, se vuelve más reacio a su opinión inicial. El 8 de enero de 1947, su política cambia por completo: con el objetivo de apartar a la URSS de sus ambiciones expansionistas, Truman designa al general George Marshall (1880-1959) a la cabeza del Departamento de Estado. Rápidamente, pone en marcha la política de contención del comunismo (*containment*). El 12 de marzo, se aprueba públicamente la doctrina de Truman, que afirma que la URSS constituye una amenaza y que hay que evitar que todos los países que no estén bajo su yugo sean sometidos. En este contexto, se funda la OTAN y se inicia el Plan Marshall, para ayudar a la reconstrucción de los países europeos.

El 21 de marzo de 1947, mediante decreto presidencial, Truman inicia un programa para comprobar la lealtad de los funcionarios. De este modo, quiere combatir a la vez el peligro comunista interno y el peligro externo. Así pues, antes de la aparición de McCarthy en el centro de la esfera política, lo que activa los mecanismos de la caza de brujas anticomunista son las medidas adoptadas por Truman. Sin embargo, en 1950, McCarthy critica al presidente por la destitución del general MacArthur (1880-1954), que quería participar en la guerra en territorio chino: Truman es acusado de laxismo, e incluso de traición comunista, lo que le empuja a pronunciarse contra el macartismo.

Todos estos elementos contribuyen a la decisión de Truman de no presentarse como candidato a las elecciones presidenciales de noviembre de 1952. Entonces, se retira de la vida política y dedica su tiempo libre a escribir sus memorias. Fallece en 1972.

DWIGHT DAVID EISENHOWER, GENERAL Y ESTADISTA ESTADOUNIDENSE

Retrato de Dwight David Eisenhower.

Dwight David Eisenhower, nacido en 1890, se diploma en la Academia Militar de West Point. Durante la guerra, cabe destacar su papel organizando los desembarcos en el norte de África y en Normandía.

En 1951, es nombrado comandante supremo de las fuerzas de la OTAN y, al año siguiente, se presenta a las elecciones presidenciales, de las que sale ganador con el 55 % de los votos. Aunque inicialmente sigue con la política de *containment* iniciada por Truman, en 1953 define una nueva estrategia de disuasión, el New Look, que consiste en llevar a cabo represalias inmediatas y masivas en caso de agresión comunista contra cualquier país. Asimismo, Eisenhower refuerza el programa de lealtad implementado por su predecesor, haciendo que los funcionarios deban demostrar que no representan una amenaza para la seguridad del país. No obstante, guarda las distancias con McCarthy: lo considera peligroso y le exaspera enormemente, a causa de las amenazas que profiere contra algunos de sus hombres de confianza. En otoño de 1953, Eisenhower considera que McCarthy ha ido demasiado lejos al arremeter contra el ejército, y el Senado aprueba una moción de censura contra él, tras la cual es desautorizado.

Eisenhower, que goza de una gran popularidad, es reelegido en 1956, y gobernará hasta enero de 1961. Morirá ocho años después de dejar la Casa Blanca.

JOSEPH MCCARTHY, POLÍTICO ESTADOUNIDENSE

Retrato de Joseph McCarthy.

Joseph McCarthy, nacido en 1908, es un político estadounidense nacido en una familia de granjeros pobres originaria
de Irlanda e instalada en Wisconsin. A los 14 años, deja el

colegio para trabajar en la granja, pero retomará los estudios un tiempo después y terminará obteniendo el título de abogado en 1935. En 1939, es elegido juez y termina siendo conocido por la rapidez de sus juicios.

En 1942, en plena Segunda Guerra Mundial, se alista en el ejército y es destinado al Pacífico. Aunque combate muy poco, se inventa algunas hazañas y consigue prestigiosas condecoraciones, como la Distinguished Flying Cross y el Purple Heart. Más tarde, estas adjudicaciones serán investigadas.

McCarthy, que está muy interesado por la política, primero dice que es demócrata. Sin embargo, luego cambia de color político. En 1946 hace campaña ya como republicano y acusa a su rival demócrata de tener tendencias comunistas, lo que le ayuda a obtener el escaño de senador del estado de Wisconsin. Hasta 1950, no es más que un político mediocre, vividor y jovial. Sin embargo, está dispuesto a todo, es capaz de mentir con el único objetivo de darse a conocer y solamente le preocupa su próxima reelección, por lo que busca un tema que pueda ayudarlo a ser más conocido. Así pues, decide basar su campaña en el anticomunismo, por oportunismo político y gracias a la idea de un profesor de la universidad jesuita de Georgetown.

McCarthy encuentra que toda ocasión es buena para conseguir que se hable de él. Por eso en 1950, en ocasión del Lincoln Day, el 9 de febrero, acepta pronunciar un discurso ante un club local de mujeres republicanas en Wheeling, Virginia Occidental. Ese día, McCarthy exhibe una hoja de papel y declara que posee una lista con los nombres de 205 comunistas que trabajarían en el Departamento de Estado. Aunque en realidad no tiene ni lista ni nombres, el método que utiliza durante ese discurso se convierte en una constante durante los años subsiguientes: adopta la costumbre de presentar datos que parecen precisos y verdaderos y, en caso de contradicción, afirma que se han manipulado sus afirmaciones. Su discurso en Wheeling marca el pistoletazo de salida de la violenta campaña de denuncia de los comunistas en el seno de la administración estadounidense.

Tras la elección de Eisenhower en 1952, McCarthy se convierte en presidente de la Subcomisión Permanente de Investigaciones del Senado (Senate Permanent Subcommittee on Investigation), llamada la Comisión McCarthy. Inicialmente, esta se centra en las instituciones gubernamentales, las universidades, el Partido Demócrata y la prensa, y más adelante se extiende a los laboratorios de investigación y a los estudios de cine. El Temor Rojo alcanza su apogeo entre 1950 y 1954.

Sin embargo, el viento empieza a volverse en contra de McCarthy cuando arremete contra el ejército en otoño de 1953. Tras 35 días de confrontación entre el ejército y el senador, el Senado decide actuar y lo condena en diciembre de 1954. La cadena ABC retransmite las audiencias de McCarthy, que ponen de manifiesto su brutalidad, su grosería y el desprecio que muestra por las instituciones más venerables del país. De golpe, McCarthy pierde su popularidad y su importancia, es estigmatizado y deja de ser bienvenido en la Casa Blanca. Finalmente, desaparece de la esfera política y termina sus días enfermo y alcohólico.

Muere el 2 de mayo de 1957, con 49 años, de una infección hepática aguda.

EL MACARTISMO

EL ASCENSO DE MCCARTHY

Hasta el discurso de Wheeling, Joseph McCarthy no es más que un senador desconocido. Aunque en 1949 gana notoriedad gracias a sus diatribas contra el comunismo ateo, el público en general no lo conoce. Sin embargo, sus declaraciones en Wheeling lo convierten en el centro de todas las miradas. Inspirado por el padre Edmund Walsh (1885-1956) de la Universidad de Georgetown, McCarthy desarrolla el tema de una cruzada anticomunista y se forja una reputación de orador famoso.

Su razonamiento se basa en extractos de un discurso de Richard Nixon, y vuelve a usar los temas de la debilidad de los Estados Unidos frente al comunismo y a la URSS, así como el de la traición de las élites. Blandiendo una hoja de papel, McCarthy lanza una violenta acusación contra el Departamento de Estado mediante la siguiente declaración: «Tengo aquí [...] una lista con 205 nombres, transmitida al secretario de Estado, de miembros del Partido Comunista que, a pesar de todo, aún siguen trabajando en el Departamento de Estado e influyen en su política»[3] (*ib.*, 31-32). Su discurso, repetido por los periodistas en la radio y en la prensa, tiene un impacto considerable, y marca el punto de partida del macartismo. Durante cuatro años, una tensión constante y un sentimiento de temor se extienden por las administraciones públicas y privadas, los medios, el

---

3. Cita traducida por 50Minutos.es

mundo del cine y las universidades, hasta el punto en que toda la sociedad estadounidense se ve afectada.

Entonces, con el fin de investigar las acusaciones de McCarthy, la Comisión de Relaciones Exteriores del Senado crea una subcomisión formada por cinco miembros y presidida por Millard Tydings (1890-1961), senador demócrata del estado de Maryland. Del 8 de marzo al 14 de julio de 1950 se celebran audiencias en las que el senador se ve obligado a precisar sus declaraciones y da nueve nombres, convirtiéndose en protagonista. Ante el rechazo de todas sus acusaciones por falta de pruebas, Tydings decide apostar más fuerte y el 21 de marzo dice que va a «desenmascarar al principal agente ruso, el jefe de Alger Hiss»[4] (Hubert 1995, 30). Entonces, sus acusaciones se dirigen hacia Owen Lattimore (1900-1989), profesor de la Universidad Johns Hopkins y especialista en el Lejano Oriente, al que considera responsable de la pérdida de China. Lattimore, que fue asesor de Chiang Kai-shek en 1941 y 1942, critica al estadista chino, pues lo considera corrupto, y quiere que los Estados Unidos reconozcan el papel positivo de los comunistas para la integridad nacional china. Tras las acusaciones de McCarthy, la reputación de Lattimore queda muy perjudicada.

Sin embargo, la Comisión Tydings acaba absolviendo a los acusados por McCarthy. El 14 de julio de 1950 el informe de la comisión, adoptado únicamente por los demócratas, acusa a McCarthy de «engaño y fraude»[5] (Toinet 1984, 35). Sin embargo, este informe no basta para detener la maqui-

---

4. Cita traducida por 50Minutos.es
5. Cita traducida por 50Minutos.es

naria que está en movimiento. Las audiencias de la comisión acercan a los republicanos conservadores alrededor del senador y le aseguran una publicidad considerable. Además, el inicio de la guerra de Corea, el 25 de junio de 1950, reaviva la controversia.

LA GUERRA DE COREA Y LOS ATAQUES CONTRA EL GOBIERNO TRUMAN

La guerra de Corea comienza en junio de 1950, cuando las tropas comunistas norcoreanas dirigidas por Kim Il-sung (mariscal y estadista coreano, 1912-1994) traspasan el paralelo 38 e invaden Corea del Sur. En ese momento, los Estados Unidos toman el mando de una fuerza de las Naciones Unidas para expulsar a los comunistas y se embarcan en la primera «guerra caliente» contra el comunismo. En otoño del mismo año los estadounidenses, dirigidos por el general MacArthur, llevan a cabo una ofensiva más allá del paralelo 38, que China contrarresta. En ese momento, el frente se estabiliza alrededor de la frontera, y en la primavera de 1951 se producen negociaciones que conducen a la firma de un armisticio el 27 de julio de 1953.

Para McCarthy, ha llegado el momento de formular nuevas acusaciones. Esta vez, todo el Gobierno Truman se ve afectado por la investigación. Dean Acheson (1893-1971), secretario de Estado, George Marshall, secretario de Defensa, y el mismo Truman son acusados de ser comunistas y traidores. El senador basa sus denuncias en el hecho de que, en enero de 1950, Dean Acheson declaró a la prensa que si se producía una guerra en Corea los Estados Unidos no intervendrían. McCarthy ve este hecho como una traición de las élites e incluso dará a Dean Acheson el apodo de «the Red Dean» («el decano rojo»), acusándolo de tener «las manos manchadas de sangre de [sus] hijos [enviados] a Corea» (*ib.*, 62). En efecto, el balance de la guerra es desastroso para los Estados Unidos, que lamentan la pérdida de 54 000 hombres. Sin embargo, habría podido ser peor, ya que MacArthur está a punto de recurrir al arma nuclear antes de ser destituido por Truman que, a causa de esta decisión, será acusado de ser demasiado blando e indulgente con los comunistas. En cuanto al general Marshall, McCarthy lo considera «incapaz de cumplir con los deberes de su cargo» (*ib.*, 62). Finalmente, las acusaciones lo harán dimitir en septiembre de 1951, y McCarthy parecerá todopoderoso.

Mientras se acusa al Departamento de Estado y a los especialistas de Asia de ser traidores comunistas, en diciembre de 1950 el Senado crea la comisión antisubversiva SISS (Senate Internal Security Subcommittee). En un primer momento, está encabezada por el senador de Nevada Patrick McCarran (1876-1954), y continúa con las investigaciones sobre Owen Lattimore y John Stewart Service (1909-1999), un diplomático estadounidense establecido en China que había pronosticado la derrota de Chiang Kai-shek. Después de la investigación, la SISS considera que Service es una amenaza para la seguridad, y en diciembre de 1951 es destituido del Departamento de Estado. Durante los años siguientes, las consecuencias de la represión de los especialistas de China y del Lejano Oriente serán muy numerosas. Según la historiadora Marie-Jeanne Rossignol, en la división oriental del Departamento de Estado ya solamente quedan «no especialistas, paralizados de antemano frente a la idea de dar una opinión original, [lo que explicaría en parte] los errores de juicio que llevarán [...] a la guerra de Vietnam»[6] (Perrier 1995, 33).

LA ELECCIÓN DE EISENHOWER Y LA SUBCOMISIÓN PERMANENTE DE INVESTIGACIONES DEL SENADO

Después de las fuertes críticas de McCarthy, Truman decide no volverse a presentar a las elecciones de 1952 y se retira de la vida política. Eisenhower le sucederá en el cargo y, frente al proyecto de *containment* de Truman, presenta el *rollback*, es decir, la represión de los comunistas de los países oprimidos por la URSS. Asimismo, Eisenhower reafirma la necesidad de continuar la lucha contra el comunismo en el interior del país, con lo que apoya la cruzada anticomunista de McCarthy. Sin embargo, el presidente tiene poca simpatía por el que atacó al general Marshall y, una vez elegido, lo evita y no responde a sus ataques.

McCarthy se convierte en presidente de la Subcomisión Permanente de Investigaciones del Senado (Senate Permanent Subcommittee on Investigation, o PSI) tras el inicio de su segundo mandato como senador en 1953. Nombra como asesor principal a Roy Cohn (1927-1986), que fue fiscal adjunto en el proceso del matrimonio Rosenberg, y como asesor jurídico a Robert Kennedy (1925-1968). Hasta 1953, sus investigaciones se centran en los asuntos de

---

6. Cita traducida por 50Minutos.es

fraude, pero también en los crímenes de guerra cometidos durante la guerra de Corea. Los senadores republicanos, que empiezan a temer los excesos de McCarthy y que no se fían de él, piensan haberlo «colocado [...] allí donde no podrá causar ningún daño»[7] (Fried 1991, 134).

Entre 1953 y 1954, la comisión se centra en las instituciones gubernamentales y realiza 169 audiencias y 653 interrogatorios. El primer servicio afectado es la Voz de América o Voice of America (VOA), encargado de la difusión internacional por radio y televisión del Gobierno estadounidense: se lleva a cabo una investigación en el mismo, sobre la influencia comunista. El personal del VOA es acusado ante las cámaras de televisión y, aunque los empleados quedan libres de cargos, las insinuaciones de McCarthy empujan al suicidio a un ingeniero.

A continuación, se ven afectadas también la biblioteca del Departamento de Estado y las bibliotecas de los centros culturales estadounidenses en el extranjero. Roy Cohn se encarga de examinar sus catálogos y McCarthy crea una lista de autores sospechosos de ser comunistas. A continuación, se exige la retirada de la literatura supuestamente procomunista de la biblioteca del Departamento de Estado. Siguiendo con este movimiento, algunas bibliotecas deciden quemar los libros prohibidos, pero Eisenhower interviene para detenerlo.

Las investigaciones de McCarthy son una constante fuente de tensión con la Casa Blanca. McCarthy provoca varias di-

---

7. Cita traducida por 50Minutos.es

misiones en el mismo seno de la subcomisión, entre las que destaca la de Robert Kennedy, que llega a las manos con Roy Cohn. Para sustituirlo, McCarthy nombra a Joseph Brown Matthews (1894-1966), ferviente anticomunista y ministro del culto metodista. Un grupo de senadores muy contrariados pide la dimisión de Matthews a McCarthy y este acaba aceptando su petición, mostrando que no es invencible.

INSTRUMENTOS DE PRESIÓN EFICACES

Aunque las comisiones de investigación como la que preside McCarthy disfrutan de una libertad absoluta en la elección de sus procedimientos, disponen de un marco legal gracias a algunas leyes y disposiciones presidenciales. Así, en marzo de 1947, un decreto establece que todos los funcionarios deben someterse a un proceso de evaluación de su lealtad a los Estados Unidos. Seis años después, Eisenhower promulga un nuevo acto que obliga a los funcionarios a demostrar que no ponen en peligro la seguridad nacional.

Asimismo, los trabajos de la subcomisión dirigida por McCarthy se basan en las leyes que se refieren a la alta traición, pero también en el Alien Registration Act de 1940, que ilegaliza cualquier acto que quiera derrocar al Gobierno de los Estados Unidos, y que obliga a todos los residentes extranjeros a registrarse ante las autoridades. Esta ley permite encarcelar a los militantes comunistas y juzgar a los dirigentes del Partido Comunista de los Estados Unidos de América, de 1949 a 1958. En 1950, el Alien Registration Act se ve reforzado por el McCarran Act, que endurece las sanciones en materia de espionaje y acentúa los controles en el marco de la concesión de visados.

Normalmente se descubre a los sospechosos gracias a las delaciones, pero otras veces también se les descubre gracias a informadores. Tener ideas de izquierdas o ser progresista basta para ser sospechoso y, por ejemplo, todos aquellos que defienden la igualdad entre blancos y negros o que no desean que sus hijos reciban una educación religiosa pueden tener problemas. Asimismo, las preguntas a las que deben responder los acusados revelan un miedo a los espíritus libres. Además de la inevitable pregunta «¿eres o has sido comunista?», se les pregunta a los acusados si han recibido a gente negra en sus casas, si han leído algunos libros prohibidos, etc. Aunque la respuesta afirmativa a alguna de estas preguntas no demuestra nada, es suficiente para que el acusado sea puesto bajo vigilancia. Si se niega a responder o invoca la Primera Enmienda, es acusado de ultraje al Congreso.

Durante los procesos, se llama a algunos comunistas arrepentidos para que presten testimonio contra los acusados, a menudo a cambio de una retribución. Algunos se resisten, pero otros, convocados en varias ocasiones, acaban dando algunos nombres: son delatores a la fuerza. Entre los más conocidos están los cineastas Robert Rossen (1908-1966) y Elia Kazan (1909-2003). En 1952 este último, que había sido comunista entre 1934 y 1935, da 11 nombres a la comisión y acaba confesando su «odio eterno hacia la filosofía y los métodos comunistas»[8] (Toinet 1984, 59) y dirigiendo la

---

8. Cita traducida por 50Minutos.es

película *La ley del silencio* (1954), una verdadera apología de la denuncia.

Detrás de estos métodos, existe una voluntad real de acabar con los disidentes y los espíritus libres, puesto que pocos resisten, con razón: los acusados no pueden disfrutar de las reglas de un Estado de derecho; no hay procedimiento judicial legal, ni inculpación, ni proceso adecuado. Incluso las administraciones no están autorizadas a proporcionar una asistencia legal a sus empleados si se les investiga y, muy a menudo, estos pierden su empleo durante todo el tiempo que dure el asunto. Asimismo, las acusaciones a menudo son públicas, lo que afecta a la vida privada de las personas encausadas y ensucia su honor durante mucho tiempo.

UNA PRENSA MANIPULADA

Una de las grandes fortalezas de McCarthy es el apoyo de la prensa: el senador, ávido de sensacionalismo y buscando llegar a cuanta más gente mejor, recurre con frecuencia a los medios.

Como senador, sus declaraciones parecen creíbles. Se beneficia de la inmunidad parlamentaria y de una cierta respetabilidad que utiliza para difamar y calumniar a sus adversarios con total impunidad. Para que los periodistas no tengan tiempo de comprobar la información que transmite, da sus conferencias de prensa una hora antes de que las agencias acaben de preparar sus noticias, obligando a los periodistas a transmitir la información directamente, sin comprobarla.

Desde que realiza sus primeras declaraciones, McCarthy cuenta con el apoyo de personalidades de la prensa conservadora, entre las que destacan George Sokolsky (1893-1962), periodista del *New York Herald Tribune* y el *New York Sun*; William Randolph Hearst (1863-1951), conocida eminencia de la prensa escrita; y Robert McCormick (1880-1955), magnate de los periódicos de Chicago y propietario del *Chicago Tribune*. Estos ya expresaban sus opiniones anticomunistas incluso antes del ascenso del senador, y usaban sus periódicos y emisoras de radio para difundirlas. Asimismo, McCarthy también recibe el apoyo de los periodistas del *Washington Times Herald* y de la mayoría de los periódicos prorrepublicanos.

Sin embargo, el macartismo también tiene detractores en los periódicos más prestigiosos (*Time, Life, Newsweek*, etc.) que se manifiestan a través de los editoriales o de las ilustraciones satíricas. Algunos periódicos como el *Washington Post, The Nation, New Republic* y *Progressive* protestan abiertamente contra McCarthy. No obstante, en general, la prensa contribuye significativamente al ascenso de este último gracias a la popularización de los grandes temas que defiende.

LA CAÍDA DE MCCARTHY

En otoño de 1953, McCarthy arremete contra el ejército estadounidense. En un primer momento, empieza atacando a civiles responsables de las industrias de defensa pero, rápidamente, pasa a acusar de incompetencia a algunos generales. En febrero de 1954, investiga al mayor Irving

Peress (1917-2014), cercano a la extrema izquierda, que es destituido de sus funciones tras negarse a responder a una serie de preguntas sobre sus opiniones políticas. Sin embargo, para McCarthy esta destitución no es suficiente, y ve la oportunidad de demostrar que el ejército es demasiado tolerante con el comunismo. Entonces, convoca a Peress, pero este último se niega a comparecer, invocando la Quinta Enmienda. Su superior, el general Ralph W. Zwicker (1903-1991), al que también se ha convocado, reacciona del mismo modo. McCarthy, irritado, insulta al general, declara que es «indigno de vestir el uniforme» (Massip 1954) y compara su inteligencia con la de un niño de cinco años. El ejército no se deja ningunear y, el 11 de marzo de 1954, acusa a McCarthy de haber intentado obtener un trato de favor para uno de sus asistentes, llamado a hacer su servicio militar.

El caso se transmite a la subcomisión presidida por McCarthy, y este es reemplazado por Karl Mundt (1900-1974), senador de Dakota del Sur. Del 22 de abril al 17 de junio de 1954, se celebran las audiencias, que son públicas y se retransmiten en la televisión a través de la cadena ABC, con un seguimiento de 20 millones de espectadores. Durante 35 días de emisión, los estadounidenses ven por primera vez la verdadera personalidad del senador y toman conciencia de sus métodos, de su desprecio, de su brutalidad y de su crueldad. La impresión que transmite McCarthy es negativa, y la opinión pública termina volviéndose en su contra.

El 11 de junio de 1954 Ralph Flanders (1880-1970), senador republicano de Vermont, presenta una moción de censura contra McCarthy. El 2 de diciembre, el Senado lo condena

—con 69 votos a favor y 24 en contra— por negarse a comparecer en 1952 ante la Subcomisión de Privilegios y Elecciones (Subcommittee on Privileges and Elections), por su obstrucción sistemática del trabajo de esta comisión, y por haber denigrado y difamado públicamente al general Zwicker durante las audiencias. Todos los demócratas y 22 republicanos votan en su contra. McCarthy, apartado de la vida política y de la Casa Blanca, cae en el anonimato y se vuelve alcohólico, para terminar muriendo en 1957 ante la indiferencia general.

REPERCUSIONES

LA POLÍTICA, MUY AFECTADA

El impacto del macartismo en el Departamento de Estado es catastrófico: algunos departamentos del Gobierno son diezmados, los diplomáticos ya no se atreven a compartir sus análisis y muchos se niegan a criticar la política del Gobierno, sumándose al conformismo reinante.

Pero la caza de brujas de McCarthy también tiene consecuencias directas para la política exterior de los Estados Unidos. Así, habrá que esperar hasta 1971 para que el entonces presidente de los Estados Unidos Richard Nixon reconozca oficialmente a la República Popular China. Además, los funcionarios del Gobierno tratan el asunto de Vietnam sin debates ni espíritu crítico. De hecho, el Gobierno de los Estados Unidos considera que la pérdida de China automáticamente dará lugar a la caída de Vietnam en manos comunistas. Ahora bien, esta apreciación geopolítica es un grave error causado por un mal conocimiento de la situación porque, en realidad, Vietnam ha luchado a menudo contra China y teme que sus tropas lo invadan. Sin embargo, los especialistas que habrían podido proporcionar una observación matizada de la situación han sido despedidos o prefieren permanecer en silencio por temor a represalias. A partir de 1955, la participación de los Estados Unidos en el conflicto de Vietnam precipita al país hacia una larga guerra sangrienta que durará 20 años.

En general, todo el conjunto de la política estadounidense

se ve afectado por la caza de brujas ya que, tanto durante el período en que se produce como durante los años siguientes, casi no hay debate político a pesar de los problemas a los que se enfrentan los Estados Unidos.

LOS MOVIMIENTOS OBREROS Y NEGROS SUMADOS A LA CRUZADA

Durante los años treinta, los trabajadores estadounidenses habían obtenido el reconocimiento del derecho sindical. Más adelante, durante la posguerra, nacen importantes huelgas en todo el país, particularmente fuertes en los sectores de la automoción, del ferrocarril y del carbón. La respuesta del Congreso a estos movimientos llega en junio de 1947, con la aprobación de la Ley Taft-Hartley, que reduce los derechos, los poderes y las orientaciones políticas de los sindicatos. Desde entonces, es ilegal que un sindicato cuente con representantes que hayan pertenecido o que todavía pertenezcan al Partido Comunista. Asimismo, Truman promete dejar participar a los sindicatos en la política nacional a cambio de que se deshagan de los comunistas. En 1953, en el apogeo del macartismo, los miembros de los sindicatos procomunistas no superan los 200 000, mientras que en 1942 eran diez veces más numerosos. Así, el futuro del movimiento obrero depende de su integración en el conformismo dominante.

Los negros y los defensores de los derechos civiles también son un blanco directo del macartismo y, lo que resulta todavía peor, el simple hecho de tener amigos negros o de promover la igualdad racial es tomado como un signo de pertenencia al comunismo. Por consiguiente, el pánico se apodera del movimiento por los derechos civiles que, por temor a ser eliminado, decide deshacerse de los miembros con tendencias más de izquierdas, como en el caso destacado del escritor, sociólogo, historiador y activista por los derechos civiles William Edward Burghardt Du Bois (1868-1963) que, en 1951, se considera sospechoso de ser un agente extranjero. La cantante y bailarina Joséphine Baker (1906-1975) también es investigada después de protestar sobre el trato recibido en un restaurante de Nueva York. Al año siguiente, denuncia el racismo y la segregación que prevalecen en los Estados Unidos y, en 1954, se le deniega la entrada al país, ya que el FBI la considera «facilitadora de la transmisión de la propaganda del Kremlin»[9] (Perrier 1995, 127).

En resumen, los movimientos sociales se ven obligados a sumarse a la cruzada anticomunista para intentar conseguir que sus reivindicaciones sean escuchadas. Para muchos, el hecho de sumarse a la postura oficial es una forma de reconocimiento social y de afirmación de su patriotismo.

LOS CÍRCULOS INTELECTUALES Y CIENTÍFICOS, BLANCOS PRINCIPALES

Los intelectuales también son objetivos principales de la caza de brujas, ya que McCarthy considera que han sido «programados para ser compañeros de viaje»[10] del comunismo (*ib.*, 96). Por lo tanto, los círculos intelectuales y

---

9. Cita traducida por 50Minutos.es
10. Cita traducida por 50Minutos.es

académicos despiertan todo tipo de sospechas y, entre 1952 y 1954, se llevan a cabo investigaciones en las universidades. Aunque se despide inmediatamente a los profesores que tratan de defenderse invocando la Quinta Enmienda, lo que acaba con muchos de ellos son sobre todo las consideraciones económicas: las empresas y el Gobierno amenazan con romper los contratos con los establecimientos que albergarían a elementos sospechosos. Así, estos no tienen más remedio que adoptar una política de transparencia y cooperar con las comisiones de investigación. Puesto que la norma se rige por el consenso, el pensamiento crítico es sofocado y se eliminan algunos cursos considerados subversivos.

En el ámbito científico el macartismo perjudica a los investigadores: se les relaciona constantemente con casos de espionaje y, ante las numerosas investigaciones a las que deben enfrentarse, se quedan atrasados frente al competidor soviético, que será el primero en enviar un satélite al espacio en 1957.

LA CREATIVIDAD REDUCIDA A SILENCIO

Durante la caza de brujas también se ataca a los artistas; a algunos ellos, incluso, se les prohíbe entrar en los Estados Unidos.

¿Sabías que...?

En 1947, el Comité de Actividades Antiamericanas acusa a Charlie Chaplin (1889-1977) de simpatizar con el comunismo. En realidad, el FBI seguía desde los años veinte el caso de este inglés, que nunca había buscado obtener la nacionalidad estadounidense y que, de forma sospechosa, no había participado en las guerras mundiales, aunque su país de origen (Inglaterra) y su país de adopción (los Estados Unidos) estuvieron plenamente involucrados en el conflicto.

Chaplin, que el 17 de septiembre de 1952 se había embarcado con su familia rumbo a Gran Bretaña, se entera dos días más tarde a través de la radio del barco que su visado de regreso para los Estados Unidos ha sido anulado. La razón aducida por el ministro de Justicia de los Estados Unidos es la expulsión de un extranjero a causa «de la moralidad, de la salud pública, de la locura, de la propaganda a favor del comunismo, o de asociación con las organizaciones comunistas o procomunistas»[11] (Robinson 1995, 100). Tras este episodio, Chaplin ya nunca volverá a vivir ni a trabajar en los Estados Unidos.

Las consecuencias del macartismo para Hollywood son terribles. Los autores perseguidos no podrán volver a trabajar bajo sus nombres reales hasta finales de los sesenta. Además, la industria del cine, muy afectada por las prohibiciones de trabajo, los procesos y las purgas, debe reinventarse y encontrar un nuevo lenguaje para ajustarse a lo que es políticamente correcto. Dado que no es posible hacer alusiones a la política, las producciones intentan traducir la ansiedad social del momento a través de la técnica, del encuadramiento, de la música o de los decorados. Entonces,

---

11. Cita traducida por 50Minutos.es

predominan dos tipos de género: la ciencia ficción y el cine negro. Las películas de este período, que oscilan constantemente entre el bien y el mal, reflejan la crisis de la sociedad estadounidense.

Sin embargo, el cine no es el único afectado por el macartismo: todos los medios de comunicación, el teatro, la radio y la televisión son víctima de las mismas frustraciones. En este sentido, la televisión adopta una actitud particularmente conservadora, siguiendo al pie de la letra las listas negras y las prohibiciones de trabajo. La única excepción de esto en el panorama televisivo es *See It Now*, el programa de Edward R. Murrow (1908-1965) emitido en la CBS, que el 2 marzo de 1954 denuncia las prácticas de McCarthy. Paradójicamente, la televisión originará la caída de este último revelando a los estadounidenses la verdadera cara del senador durante sus audiencias con el ejército.

LA PERSECUCIÓN DE LOS HOMOSEXUALES

Paralelamente al Temor Rojo, en los años cincuenta se desarrolla el Temor Violeta o Lavanda (*The Lavender Scare*), que hace referencia a la persecución de los homosexuales. La homosexualidad es considerada antiestadounidense y como una amenaza para el país; además, los psiquiatras consideran que se trata de una perversión y de una enfermedad mental. Según la comisión, los homosexuales, considerados débiles frente al chantaje comunista, son susceptibles de estar al servicio de la URSS y de transmitirle secretos de Estado, por lo que representan un riesgo potencial para la seguridad de los Estados Unidos.

Sin embargo, la homosexualidad es, sobre todo, una poderosa arma que los conservadores utilizan contra sus enemigos. Así, se pone en marcha una campaña homófoba para quitar de en medio a algunos miembros de las administraciones públicas. En 1950, el subsecretario de Estado John Peurifoy (1907-1955) anuncia que ha despedido a 91 gais y lesbianas del Departamento de Estado. McCarthy continúa con su trabajo nombrando a la cabeza de la comisión encargada de luchar contra la amenaza violeta a Roy Cohn del que, no obstante, se sabrá más tarde que es homosexual. En 1953, 425 empleados del Departamento de Estado son despedidos tras ser acusados de homosexualidad.

Esta persecución favorece la concienciación en la comunidad gay y lesbiana de Estados Unidos, así como el inicio del activismo que contribuirá a la implementación del movimiento en defensa de los derechos de los homosexuales.

BALANCE DEL MACARTISMO

Entre el inicio de la Guerra Fría y del Segundo Temor Rojo (1947) y el fallecimiento de McCarthy en 1957, encontramos en la función pública:

- alrededor de 4900 destituciones o despidos de funcionarios federales, estatales o locales;
- alrededor de 5400 empleados privados sujetos a los programas federales;
- 12 000 dimisiones en la función pública federal;
- 2,3 millones de funcionarios que son objeto de comprobaciones por parte del FBI;

- 40 000 funcionarios sometidos a investigaciones exhaustivas.

A estas cifras deben añadirse:

- 1200 empleados privados que pierden su trabajo;
- 13,5 millones de expedientes de empleados revisados, de 65 millones de individuos activos;
- millones de personas que aparecen en las listas de la HUAC y del FBI;
- 300 personas que no pueden trabajar por estar en las listas negras de Hollywood;
- decenas de personas condenadas por ultraje al Congreso;
- un centenar de condenas de sindicalistas;
- 163 extranjeros detenidos y deportados;
- 13 personas desnaturalizadas;
- decenas de exiliados, sobre todo en el ámbito del cine.

Sin embargo, el macartismo también provoca muertes:

- 6 fallecidos después de haber sido acusados (infartos);
- 5 asesinatos políticos;
- 2 ejecuciones (el matrimonio Rosenberg).

Aunque McCarthy pierde su influencia y desaparece de la vida política en 1954, las sospechas y la represión persisten durante muchos años, y la tentación de reducir las libertades democráticas es una tendencia que todavía hoy se puede percibir. Tras la liberación de la expresión durante las protestas contra la guerra de Vietnam, en los años sesenta y setenta, los presidentes Jimmy Carter (nacido en 1924) y Ronald Reagan (1911-2004) adoptan medidas de control de los funcionarios y de los periodistas. Más adelante, el Patriot Act, aprobado el 26 de octubre de 2001 tras los atentados del 11 de septiembre, atenta contra la vida privada de los ciudadanos y limita el derecho a la libertad de expresión. En el nombre de la seguridad nacional y del consenso ideológico, la caza de brujas puede reanudarse en cualquier momento.

EN RESUMEN

1917
La Revolución rusa origina
el Primer Temor Rojo

1938
Creación de la HUAC

1946
25 sept.: **inicio del control de la lealtad
de los funcionarios federales**

1947
Inicio de la Guerra Fría y del
Segundo Temor Rojo
7 may.: inicio de las investigaciones
de la HUAC en Hollywood

1950
9 feb.: **discurso de McCarthy
en Wheeling**

1953
McCarthy es presidente
de la Subcomisión Permanente
de Investigaciones del Senado

1954
11 mar.: McCarthy es acusado
por el ejército
22 abr.-17 jun.: las audiencias
de McCarthy
se retransmiten
en la televisión
2 dic.: **McCarthy es condenado
por el Senado**

1957
2 may.: fallecimiento de McCarthy

- El macartismo es un importante episodio en la historia de los Estados Unidos de la posguerra que se origina con el miedo de los comunistas (Red Scare), surgido en 1917 durante la Revolución rusa y que continuó hasta los años cincuenta. Los múltiples casos de espionaje, el fin del monopolio nuclear estadounidense, la caída de China en manos comunistas en 1949 y el inicio de la guerra de Corea en 1950 originan el Segundo Temor Rojo.

- El 9 de febrero de 1950, el senador de Wisconsin McCarthy, que hasta entonces era un gran desconocido para el público, pronuncia un discurso en Wheeling en el que afirma que dispone de una lista de 205 comunistas que trabajarían en el Departamento de Estado. Su declaración marca el inicio, por un lado, de su ascenso al poder y, por el otro, de una extensa y violenta caza de brujas anticomunista, que primero se lleva a cabo en la administración y en las instituciones gubernamentales y luego se amplía hacia los círculos intelectuales, artísticos y científicos, así como hacia toda la sociedad estadounidense.

- En ese momento, se establece la Comisión Tydings, encargada de arrojar luz sobre las declaraciones del senador, y que en julio de 1950 establece que estas no tienen valor alguno. Sin embargo, McCarthy aprovecha las audiencias de la comisión para congregar a los republicanos a su alrededor y para efectuar nuevas acusaciones de deslealtad, entre las cuales destaca la de Owen Lattimore, especialista en China en el Departamento de Estado. McCarthy, apoyado por la prensa y por los medios, aumenta su popularidad.

- El 20 de enero de 1950, Eisenhower es elegido presidente de los Estados Unidos y McCarthy se convierte entonces en presidente de la Subcomisión Permanente de Investigaciones del Senado, que se concentra en las instituciones gubernamentales. A continuación, se llevan a cabo algunas audiencias, y varios miles de personas pierden su empleo.

- A principios de 1954, McCarthy pone en duda al ejército y no duda en arremeter contra algunos generales. Sin embargo, este paso en falso origina su caída: la misma subcomisión que lideraba se gira en su contra, y se llevan a cabo audiencias que se retransmiten en directo por la ABC y que muestran al público sus métodos y su brutalidad. Es el fin para McCarthy, que se vuelve alcohólico y en 1957 muere en el olvido.

- Aunque su papel como político se detiene en 1954, los efectos del macartismo son perceptibles durante muchos años, y afectan directamente a la política de los Estados Unidos. La diplomacia del país comete muchos errores de apreciación, que conducen a la guerra de Vietnam en 1955. Asimismo, se frenan los avances de la ciencia, y los soviéticos ganarán la primera etapa de la carrera espacial, enviando el primer satélite al espacio en 1957. Finalmente, cada vez que la seguridad del país parece estar bajo amenaza, las libertades y los derechos civiles se ven limitados, como lo demuestra por ejemplo el Patriot Act, aprobado en 2001.

¡Tu opinión nos interesa!
¡Deja un comentario en la página web de tu librería en línea,
y comparte tus favoritos en las redes sociales!

PARA IR MÁS ALLÁ

FUENTES BIBLIOGRÁFICAS

- Aftalion, Florin. 2006. *Alerte rouge sur l'Amérique: retour sur le maccarthysme*. París: Lattès.
- American Museum of Natural History, "McCarthy Era". Consultado el 22 de febrero de 2017. http://www.amnh.org/exhibitions/past-exhibitions/einstein/global-citizen/mccarthy-era
- Andersen, Thom y Noël Burch. 1995. *Les communistes de Hollywood*. París: Presses de la Sorbonne Nouvelle.
- Bayley, Edwin R. 1981. *Joe McCarthy And the Press*. Madison: University of Wisconsin.
- Bourget, Jean-Loup. 1998. *Hollywood, la norme et la marge*. París: Nathan Cinéma.
- Calvet, Robert. 2006. *Les États-Unis en fiches*. París: Ellipses.
- Caute, David. 1978. *The Great Fear: The Anti-Communist Purge Under Truman and Eisenhower*. Nueva York: Simon & Schuster.
- Chautaurd, Sophie. 2012. *La guerre froide*. París: Studyrama.
- Colectivo. 2000. *Aspects de l'anticommunisme*. París: L'Âge d'Homme.
- Després, Elaine. 2012. "Les sorcières de Salem étaient-elles communistes? L'éternel retour de l'ennemi intérieur dans *The Crucible* d'Arthur Miller". En *Boucs émissaires, têtes de Turcs et souffre-douleur*. Dirigido por Frédéric Chauvaud, Jean-Claude Gardes, Christian Moncelet y Solange Vernois. Rennes: Presses universitaires de

Rennes.

- Fried, Richard M. 1991. *Nightmare in Red. The McCarthy Era in Perspective*. Nueva York: Oxford University Press.
- Griffith, Robert. 1987. *The Politics of Fear: Joseph McCarthy and the Senate*. Amherst: University of Massachusetts.
- Jdanov, Andrei Aleksandrovich. 1947. *Rapport d'André Jdanov sur la situation internationale présenté à la conférence d'information des neufs partis communistes qui s'est tenue en Pologne à la fin du mois de septembre 1947*. París: Maréchal.
- Johnson, David K. 2004. *The Lavender Scare. The Cold War Persecution of Gays and Lesbians in the Federal Government*. Chicago: University of Chicago Press.
- Kaspi, André y Hélène Harter. 2013. *Les présidents américains. De Washington à Obama*. París: Tallandier.
- Lagayette, Pierre. 1995. *L'anticommunisme et la chasse aux sorcières aux États-Unis, 1946-1954*. París: Ellipses.
- Laprevotte, Gilles, Michel Luciani y Anne-Marie Mangin. 1990. *La grande menace. Le cinéma américain face au maccarthysme*. Amiens: Trois Cailloux.
- Navasky, Victor. 1982. *Les délateurs. Le cinéma américain et la chasse aux sorcières*. París: Balland.
- Perrier, Hubert. 1995. *L'anticommunisme et la chasse aux sorcières aux États-Unis (1946-1954)*. París: Didier Érudition – CNED.
- The New York Times. 1950. "Perverts Called Government Peril; Gabrielson, G.O.P., Chief, Says They Are as Dangerous as Reds – Truman's Trip Hit Gabrielson Warns Industry". *The New York Times*. 19 de abril. Consultado el 22 de febrero de 2017.

http://query.nytimes.com/mem/archive-free/
pdf?res=9D01E7DD153DE03BBC4152DFB266838B649EDE
- Quetel, Claude. 2008. "Dwight David Eisenhower". *Dictionnaire de la guerre froide.* París: Larousse.
- Quetel, Claude. 2008. "Maccarthysme". *Dictionnaire de la guerre froide.* París: Larousse.
- Quetel, Claude. 2008. "Harry S. Truman". *Dictionnaire de la guerre froide.* París: Larousse.
- Robinson, David. 1995. *Charlot, entre rire et larmes.* París: Gallimard.
- Toinet, Marie-France. 1984. *La chasse aux sorcières. Le maccarthysme, 1947-1957.* Bruselas: Éditions Complexe.
- Torok, Jean-Paul. 1999. *Pour en finir avec le maccarthysme. Lumières sur la liste noire à Hollywood.* París: L'Harmattan.
- Schrecker, Ellen. 1986. *No Ivory Towers. McCartyism and the Universities.* Nueva York: Oxford University Press.
- Soutou, Georges-Henri. 2001. *La guerre de cinquante ans. Les relations Est-Ouest. 1943-1990.* París: Fayard.
- Walker, Samuel. 2012. *Presidents and Civil Liberties from Wilson to Obama.* Nueva York: Cambridge University Press.
- Wieder, Thomas. 2006. *Les sorcières de Hollywood. Chasse aux rouges et listes noires.* París: Éditions Philippe Rey.
- Whitfield, Stephen J. 1991. *The Culture of the Cold War.* Baltimore: Johns Hopkins University Press.

FUENTES COMPLEMENTARIAS

- Aftalion, Florin. 2003. *La trahison des Rosenberg*. París: Lattès.
- Bell, Daniel. 1963. *The Radical Right*. Nueva York: Doubleday.
- Fast, Howard. 2005. *Mémoires d'un rouge*. París: Rivages.
- Fontaine, André. 2006. *La guerre froide. 1917-1991*. París: Seuil, colección *Points Histoire*.
- Fontaine, André. 1983. *Histoire de la guerre froide*, 2 tomos. París: Seuil, colección *Points Histoire*.
- Haberstam, David. 1995. *Les fifties. La révolution américaine des années 50*. París: Seuil.
- Hofstadter, Richard. 1962. *Anti-Intellectualism in American Life*. Nueva York: Vintage.
- Kaspi, André. 2014. *Les Américains. Les États-Unis de 1945 à nos jours*, tomo 2. París: Seuil, colección *Points Histoire*.
- Kaspi, André. 2009. *Des espions ordinaires*. París: Larousse.
- Massip, José María. 1954. "Tres demócratas y tres republicanos formulan contra McCarthy, ante el Senado, una propuesta de censura". *ABC*. 3 de octubre. Consultado el 24 de febrero de 2017. http://hemeroteca.abc.es/nav/Navigate.exe/hemeroteca/madrid/abc/1954/10/03/042.html
- May, Lary. 1989. *Recasting America: Culture and Politics in the Age of Cold War*. Chicago: University of Chicago.
- Melandri, Pierre y Jacques Portes. 1991. *Histoire intérieure des États-Unis au XXe siècle*. París: Masson.
- Polenberg, Richard. 1981. *One Nation Divisible: Class, Race and Ethnicity in the United States Since 1938*.

Harmondsworth: Penguin Books.
• Radosh, Ronald y Joyce Milton. 1983. *The Rosenberg File. A Search for the Truth*. Nueva York: Holt, Rinehart & Winston.

NOVELAS

• Shaw, Irwin. 1951. *Veneno en las ondas*.
• Bradbury, Ray. 1953. *Fahrenheit 451*.
• Miller, Arthur. 1953. *Las brujas de Salem*.
• Jean, Raymond. 1959. *Les Ruines de New York*.
• Roth, Philip. 1998. *Me casé con un comunista*.
• Kennedy, Douglas. 2004. *En busca de la felicidad*.
• Dugain, Marc. 2005. *La maldición de Edgar*.
• Kingsolver, Barbara. 2009. *Laguna*.
• Prolongeau, Hubert. 2010. *Américains, Américains*.

FUENTES ICONOGRÁFICAS

• Retrato de Alger Hiss. La imagen reproducida está libre de derechos.
• Julius y Ethel Rosenberg, acusados de espionaje por los Estados Unidos. La imagen reproducida está libre de derechos.
• *Proclamación de la República Popular de China, el 1 de octubre de 1949*. La imagen reproducida está libre de derechos.
• Retrato de Harry S. Truman. © Edmonston Studio.
• Retrato de Dwight David Eisenhower. La imagen reproducida está libre de derechos.
• Retrato de Joseph McCarthy. La imagen reproducida está

libre de derechos.

PELÍCULAS Y DOCUMENTALES

- *Déjalos que hablen.* Dirigida por Joseph L. Mankiewicz, con Cary Grant, Jeanne Crain y Finlay Currie. Estados Unidos: Darryl F. Zanuck y Twentieth Century Fox, 1951.
- *Solo ante el peligro.* Dirigida por Fred Zinnemann, con Gary Cooper, Grace Kelly y Thomas Mitchell. Estados Unidos: Stanley Kramer Productions, 1952.
- *Johnny Guitar.* Dirigida por Nicholas Rey, con Joan Crawford, Sterling Hayden y Scott Brady. Estados Unidos: Republic Pictures, 1954.
- *Filón de plata.* Dirigida por Allan Dwan, con John Payne, Dan Duryea y Lizabeth Scott. Estados Unidos: Benedict Bogeaus Productions, 1954.
- *La ley del silencio.* Dirigida por Elia Kazan, con Marlon Brando, Karl Malden y Eva Marie Saint. Estados Unidos: Columbia Pictures, 1954.
- *El ojo del huracán.* Dirigida por Daniel Taradash, con Bette Davis, Brian Keith y Kim Hunter. Estados Unidos: Phoenix Productions, 1956.
- *Les Sorcières de Salem.* Dirigida por Raymond Rouleau, con Yves Montand, Simone Signoret y Mylène Demongeot. Alemania del Este y Francia: 1957.
- *Un rey en Nueva York.* Dirigida por Charlie Chaplin, con Charlie Chaplin, Dawn Adams y Oliver Johnston. Estados Unidos e Inglaterra: Attica-Archwey, 1957.
- *Point of Order!* Dirigido por Emile de Antonio. Estados Unidos: Point Films, 1967.
- *Tal como éramos.* Dirigida por Sydney Pollack, con Robert

Redford, Barbra Streisand y Bradford Dillman. Francia y
Estados Unidos: Columbia Pictures Corporation, Rastar
Productions y Tom Ward Enterprises, 1973.
- *La Tapadera*. Dirigida por Martin Ritt, con Woody Allen,
Zero Mostel y Herschel Beranardi. Estados Unidos: 1976.
- *The Legacy of the Hollywood Blacklist*. Dirigido por Judy
Chaïkin. Estados Unidos: 1987.
- *Caza de brujas*. Dirigida por Irwin Winkler, con Robert de
Niro, Annette Bening y George Wendt. Estados Unidos y
Francia: 1991.
- *Fellow Traveller*. Dirigida por Philip Saville, con Michael
Eaton, Ron Silver y Hart Bochner. Estados Unidos: 1991.
- *Punto de mira*. Dirigida por Karl Francis, con Jeff
Goldblum, Greta Scacchi y Ángela Molina. España y
Reino Unido: 2000.
- *The Majestic*. Dirigida por Frank Darabont, con Jim
Carrey, Martin Landau y Laurie Holden. Estados Unidos y
Australia: 2001.
- *Buenas noches, y buena suerte*. Dirigida por George
Clooney, con David Strathairn, George Clooney y
Robert Downey Jr. Estados Unidos: 2929 Entertainment,
Participant Productions, Section Eight Productions y
Davis Films, 2005.

MUSEOS Y EDIFICIOS CONMEMORATIVOS

- Museo de la Guerra Fría, en Virginia, Estados Unidos.
- Biblioteca y Museo Presidencial de Dwight David
Eisenhower, en Kansas, Estados Unidos.
- Biblioteca y Museo Presidencial de Harry S. Truman, en
Misuri, Estados Unidos.

- Museo de Historia del Castillo, en Wisconsin, Estados Unidos.
- Memorial de Caen — Ciudad de la historia por la paz, en Caen, Francia.
- Museum of Broadcast Communication, en Chicago, Estados Unidos.
- Museo de la Real Fuerza Aérea Británica de Cosford, en Shropshire, Gran Bretaña.
- Museo de las Brujas de Salem, en Massachusetts, Estados Unidos.
- Memorial Blacklist, en el jardín del Fisher Museum of Art del campus de la Universidad del Sur de California en Los Angeles, Estados Unidos.